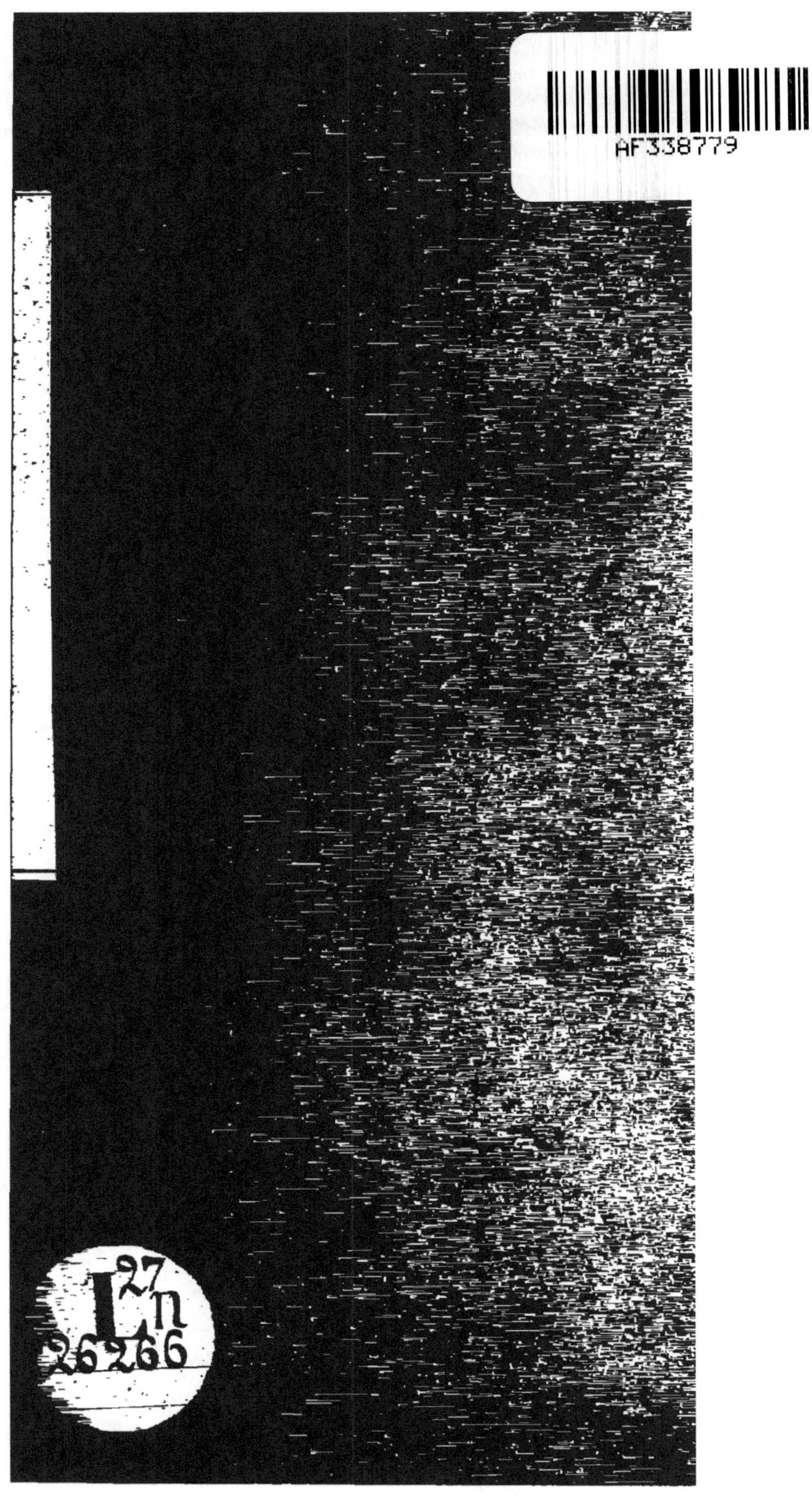

AF338779

ACHARD-JAMES

ACHARD-JAMES

SA VIE

ET SES ÉCRITS

PAR

A. VACHEZ

Avocat, docteur en droit,

Président de la Société littéraire

de Lyon.

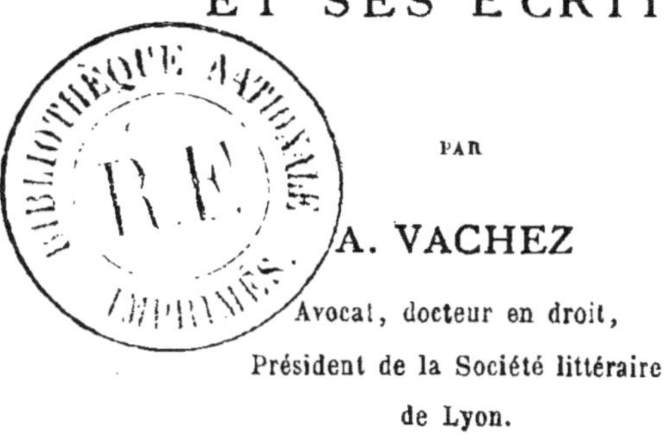

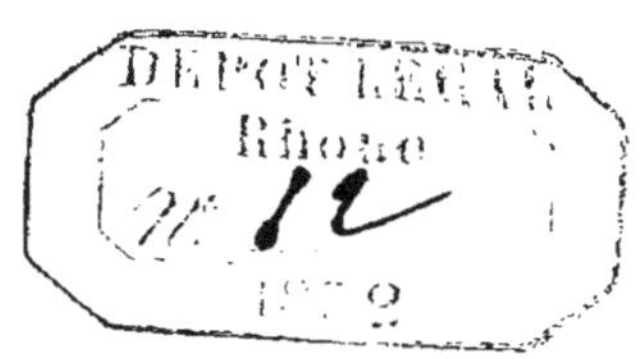

LYON

IMPRIMERIE D'AIMÉ VINGTRINIER

RUE BELLE-CORDIÈRE, 14

—

1871

ACHARD-JAMES

SA VIE ET SES ÉCRITS (1)

I

Soixante-quatre ans déjà se sont écoulés depuis que la Société littéraire a pris naissance, et nous avons vu mourir naguère le dernier de ses fondateurs. La postérité a donc commencé pour chacun de nos devanciers, et je puis venir publier aujourd'hui cette étude sur la vie et les travaux d'un homme qui fut l'un des plus honorables citoyens de la ville de Lyon : M. Achard-James.

Jean-Marie Achard-James est né à Riverie (Rhône), le 21 août 1780 (2). Il était le troisième fils de Jean-François Achard, notaire royal, et de dame Gabrielle Plasson.

Sur les fonts du baptême, le nouveau-né fut tenu par deux vieux serviteurs de la famille, qui lui donnèrent leurs noms. Ce fait, sans importance en lui-même, a fixé mon attention, car il caractérise des mœurs qui ne sont plus aujourd'hui qu'un souvenir. Que nous sommes

(1) Lu à la réunion de la Société littéraire du 3 mai 1871.

(2) Cette date nous est fournie par les registres de naissance de Riverie. Aucun biographe d'Achard-James ne l'a donnée exactement jusqu'à ce jour. Ainsi M. Monfalcon, dans son *Histoire monumentale de Lyon* (t. IV, p. 135), le fait naître le 23 août 1789.

loin déjà de ce temps ! Que sont devenus ces vieux domestiques d'autrefois qui vivaient et mouraient au service de leurs maîtres ? Mais aussi, où trouverait-on, dans notre société, pourtant si démocratique, un semblable exemple de cette bienveillance, qui n'excluait point le respect, et faisait de serviteurs éprouvés des membres de la famille ? Il en était autrement alors. Aussi les gens de service apportaient-ils souvent à leurs maîtres le dévoûment d'une vie entière, et pouvait-on confier sans crainte à leur affectueuse sollicitude l'enfant de la maison.

Le père du jeune Achard, qui appartenait à une ancienne et bonne famille du Forez, jouissait à Riverie d'une considération méritée. A ses fonctions de notaire, il joignait aussi celles de procureur devant la juridiction seigneuriale ; il venait de faire construire une vaste et belle maison ; tout semblait le fixer dans cette localité, quand, tout à coup, en 1786, il céda son étude et se retira à Montbrison, pour y remplir l'office de receveur général des consignations du pays de Forez.

La Révolution le trouva exerçant cette charge. Malgré son titre de conseiller du roi, auquel il devait la qualification nobiliaire que nous lui voyons donnée dans plusieurs actes, Jean-François Achard ne fut point inquiété pendant les premiers mois de la Terreur. Au mois de septembre 1793, quand le Forez fut envahi par les troupes lyonnaises, Achard quitta momentanément son poste; mais il s'empressa d'adresser au corps administratif du département une déclaration par laquelle il s'engageait à faire face au paiement de toutes les sommes dont il était comptable (1). L'assemblée lui fit parvenir des félicitations et, quelque temps après, il put rentrer à Montbrison.

(1) Bibliothèque Coste, n° 4599.

Il n'y demeura pas longtemps. Un différend assez vif avec le maire lui fit craindre l'effet des menaces de ce dernier ; il crut prudent de quitter cette ville pour se ren· dre à l'armée du Rhin. Mais, pendant qu'il échappait ainsi au sort qui le menaçait , sa femme était arrêtée et conduite à Lyon, où elle fut renfermée à l'Hôtel-de-Ville.

Pendant ce temps, le jeune Achard et ses frères vivaient cachés à la campagne, dans une ferme qu'Achard père possédait à Boisset, près de Montrond. La Révolution de Thermidor rendit Mme Achard à la liberté ; mais leur père ne fut rayé de la liste des émigrés qu'en 1799. Quelques années plus tard, néanmoins, il fut nommé juge de paix à l'Arbresle.

Vers cette époque, le jeune Achard était placé à l'Ecole centrale du département du Rhône, où il fit ses études avec succès. Il y suivit notamment le cours de droit professé par Delandine, ancien avocat au Parlement, et le prix de législation lui fut même décerné dans le concours de l'année 1802 (1). Ainsi se révélaient déjà les aptitudes du futur magistrat. Quelques années de stage dans l'étude de Me Roque, avoué de première instance, complétèrent ses études juridiques.

Ce fut pendant qu'il se livrait ainsi à l'étude de la procédure qu'il se réunit aux fondateurs de la Société littéraire.

Tout ce qui touche à l'histoire de la Société littéraire

(1) Dans le même concours, le premier prix d'éloquence sur ce sujet : *La Religion est le plus ferme appui des empires*, fut remporté par M. Claude Baudrier, mort président du tribunal civil de Lyon en 1837, et père de M. Baudrier, actuellement président de chambre à la Cour d'appel. — Le second prix fut décerné à M. Benjamin Lecourt, plus tard notaire et l'un des membres fondateurs de la Société littéraire. (*Tablettes chronolog.* de M. Péricaud. Ann. 1802).

mérite notre attention. Qu'il me soit donc permis de rappeler ici quelques souvenirs intimes sur les origines de la Compagnie.

Les premières années du xixe siècle tiennent une place remarquable dans l'histoire de la littérature française. Chateaubriand venait de donner le signal de ce réveil littéraire par la publication de ses œuvres immortelles, et les esprits, longtemps préoccupés par les agitations de l'intérieur, rassurés enfin par l'inauguration d'un pouvoir régulier, se portaient avec ardeur vers la culture des lettres. Mais, à Lyon, rien n'encourageait les premiers essais de la jeunesse. La Société *Amicitiæ et litteris* n'avait pas survécu à la Révolution, et l'Académie ne pouvait remplir cette mission, à cause de sa constitution même, qui réservait à la science la moitié des places vacantes dans son sein. Ce qu'il fallait aux jeunes littérateurs de notre ville, c'était une réunion consacrée aux lettres, et dans laquelle seraient accueillis le talent et l'amour du travail plutôt que des titres littéraires nombreux.

Qui, le premier, eut l'idée de constituer une société sur cette base ? Peut-être ne le saura-t-on jamais. Mais tout semble en attribuer l'honneur à M. Coste, notre illustre bibliophile. Il est certain, du moins, qu'il faut le compter au nombre des premiers auteurs de ce projet de fondation; car ce fut dans une promenade qu'il fit à l'Ile-Barbe, un lundi de Pentecôte, avec les deux Péricaud, que, pour la première fois, fut émis et arrêté le plan du futur Cercle littéraire.

Le départ de Coste pour Paris, où il allait achever ses études de droit, retarda l'exécution du projet. Mais, à son retour, l'idée émise dans cette promenade à l'Ile-Barbe fut reprise. Le 7 avril 1807, les statuts de la Société, rédigés par Coste, étaient adoptés, et le 6 juillet suivant, ses fondateurs, au nombre de quatorze, pouvaient se réunir[dans le modeste domicile de l'un d'eux, M. Molard, professeur de belles-lettres.

Dans cette première séance, où l'on constitua le bureau de la nouvelle Compagnie, Achard-James fut nommé secrétaire-adjoint, et ce choix nous prouve l'estime que ses collègues avaient pour ses talents, et le zèle avec lequel il se livrait, dès cette époque, à la culture des lettres. Pendant qu'il prenait ainsi une part active à la fondation du Cercle littéraire, il se faisait recevoir défenseur officieux devant les tribunaux, titre remplacé bientôt par celui d'avocat, quand le décret du 14 décembre 1810 vint réorganiser le barreau.

Le 2 avril 1811, il était nommé conseiller auditeur à la Cour d'appel. Mais il ne demeura pas longtemps investi de ces modestes fonctions. Déjà, l'année précédente, le Valais avait été réuni à la France, sous le nom de département du Simplon. Le baron Rambaud, procureur-général à la Cour d'appel de Lyon, fut chargé d'y organiser les pouvoirs judiciaires. A la suite de plusieurs voyages dans ce pays et après avoir tracé un plan sommaire des institutions à établir, il en confia l'exécution au zèle d'Achard-James.

Envoyé dans le nouveau département du Simplon avec les fonctions de procureur impérial, le jeune magistrat avait une mission laborieuse à remplir; car il fallait y introduire une législation aussi inconnue des magistrats que des simples citoyens, instituer des juridictions nouvelles, et changer complétement la procédure civile et criminelle en usage devant les tribunaux du pays.

Achard-James remplit cette tâche avec succès. Nous possédons encore une preuve de son activité et de cette aptitude d'organisation, qui le portait vers l'étude des plus humbles détails. Son attention se dirigea ainsi notamment vers la tenue des actes de l'état civil, ces titres importants des familles. Même en France, au commencement de ce siècle, ces registres ont été rédigés souvent avec une négligence extrême dans les communes rurales. Que l'on juge de leur irrégularité dans un pays récemment conquis, où l'on avait à lutter à la fois contre l'ignorance et les préjugés ! Achard-James jugea ce point assez important pour en faire l'objet d'une publication intitulée : *Instructions* (en français et en allemand) *aux maires du département du Simplon, sur la tenue des registres de l'état-civil* (Sion, 1812, in-4°).

Pendant son séjour dans le Simplon, Achard-James se lia d'amitié avec le premier préfet de ce département, M. Derville-Maléchard, ancien chargé d'affaires de France dans le Valais, où il avait succédé à M. de Chateaubriand. Au mois de mars 1813, le comte de Rambuteau remplaça M. Derville-Maléchard, nommé préfet de la Sarthe, et, comme son prédécesseur, le nouveau fonctionnaire trouva dans Achard-James un concours dévoué, qui fit naître entre eux un lien d'affectueuse estime.

Mais le moment des revers était venu. Vaincue par la coalition, la France allait être dépouillée de toutes ses conquêtes. Au mois de décembre 1813, la Suisse était envahie par les Autrichiens, et le département du Simplon privé de toute communication avec la France par la voie de Genève. Il ne restait aux fonctionnaires français que la ressource de rentrer en France par la voie de Chamonix. Le voyage était périlleux, car les chemins, que bordent souvent des torrents ou des précipices, étaient couverts d'une épaisse couche de neige. Malgré les dangers d'une semblable retraite, le comte de Rambuteau et Achard-James se mirent résolûment, le 25 décembre

1813, à la tête d'une colonne de huit cent quarante Français : fonctionnaires, employés, soldats, gendarmes et douaniers. De Sion, on se dirigea par Martigny vers le col de la Forclaz. De là, on traversa successivement Trient, Valorsine, Chamonix, Regève, Ugine, Saint-Pierre-d'Albigny, Montmeillan, et l'on arriva enfin à Chambéry, le sixième jour, après une marche de 60 lieues, sans avoir perdu un seul homme (1).

Mais il avait fallu recourir plus d'une fois aux populations du Tour, de l'Argentière et de Chamonix pour s'ouvrir un chemin dans la neige, qui avait parfois une épaisseur de plus de trois mètres. Il avait fallu aussi toute l'énergie et la prudence des deux magistrats, qui marchaient à la tête de la colonne française, pour soutenir son courage et assurer son retour. Le comte de Rambuteau n'oublia jamais combien il fut aidé, dans la direction de cette retraite difficile, par Achard-James, et, jusqu'à la fin de sa vie, il s'est plu à rendre hommage à la fermeté et au caractère résolu du jeune magistrat.

Revenu à Lyon, Achard-James reprit ses fonctions de conseiller-auditeur, jusqu'au 25 octobre 1815, qu'il fut nommé conseiller à la Cour royale. Seize ans plus tard, le 27 janvier 1831, il fut élevé au rang de président de chambre, fonction qu'il remplit jusqu'à sa mort. « Il ne « fut, dit M. Monfalcon, ni brillant orateur, ni grand « magistrat, mais personne ne poussait plus loin l'amour « du devoir (2) » Ajoutons que personne n'eut plus que lui le sentiment de l'équité. Assidu, impartial et laborieux, on n'eut jamais à lui reprocher ni l'indifférence pour les causes qui lui étaient soumises, ni ce penchant

(1) Notes communiquées par le comte de Rambuteau.
(2) *Histoire monumentale de Lyon*, IV, 135.

pour l'innovation et les théories spécieuses qui égare parfois de bons esprits.

Ancien avocat, il n'oublia point, sur le siége du magistrat, ses premiers débuts, et le barreau trouva toujours auprès de lui un accueil plein de bienveillance.
Dans les procès criminels, il sut se garder constamment
aussi de la passion et de ce zèle extrême qui fait suspec-
ter l'impartialité du juge. Délégué ainsi, en 1834, par le
ministre de la justice, pour procéder à l'instruction contre les insurgés d'avril, il s'efforça de rendre à la liberté
tous les accusés qui n'avaient été qu'égarés par de fu-
nestes influences, et l'on vit plus tard les chefs de parti,
Lagrange, Baune et Caussidière, rendre eux-mêmes hommage à ses sentiments d'humanité.

Ces qualités du cœur lui firent prendre une part active à la direction de nos œuvres de bienfaisance. Il leur
consacra trente années de sa vie. D'abord simple administrateur de l'Antiquaille, puis devenu président du
Conseil d'administration de cet hospice, pendant cinq
années, de 1834 à 1839, il se dévoua tout entier à la
prospérité de cet établissement, qu'il visitait fréquemment et dans lequel il fonda, en 1827, sous le nom de
Providence de l'Antiquaille, le refuge actuel de Notre-
Dame de Compassion, où sont accueillies les filles soumises qui, après leur guérison, veulent changer de vie.

Devenu aussi, en 1830, administrateur du Mont-de-
Piété, il déploya le même zèle dans la direction de cet
établissement.

Mais ni les devoirs du magistrat, ni les œuvres de
bienfaisance, ni l'administration de la Compagnie des
ponts du Rhône, dont il fut aussi le président, ne purent
détourner Achard-James de la culture des lettres. Il leur
consacra les loisirs de sa vie entière. A compter de l'an-

née 1817, nous lui voyons faire de nombreuses lectures dans les réunions de la Société littéraire. Aussi la Compagnie s'empressa-t-elle d'honorer l'un de ses membres les plus actifs, en l'appelant successivement aux fonctions de secrétaire-adjoint (1807-1808), de trésorier (1810) et de vice-président (1819). Les honneurs de la présidence lui furent aussi conférés à deux reprises, en 1821 et 1834.

En 1821, il fut reçu membre de l'Académie de Lyon, qu'il eut aussi l'honneur de présider, pendant les années 1824, 1840 et 1841. Toujours assidu aux séances, il fit de nombreuses communications à cette Compagnie. Entièrement dévoué à ses intérêts, il lui fit don de plusieurs manuscrits, parmi lesquels on remarque un ouvrage de son oncle, Etienne Achard, ayant pour titre : *Défense du sentiment philosophique de la pluralité des mondes*. On le vit aussi, à plusieurs reprises, revendiquer avec chaleur, pour l'Académie, le droit de diriger l'école de la Martinière, conformément aux termes du testament du major Martin. Ajoutons que ce fut sous sa présidence, que l'Académie prit possession de la salle actuelle de ses séances.

Mais ce qui caractérise surtout Achard-James, c'est le vif intérêt qu'il porta toujours à tout ce qui remplissait les moments de sa vie. Rien ne lui était indifférent. Qu'il s'agît de fonctions publiques, de travaux littéraires ou d'œuvres de bienfaisance, il voulait ne rien ignorer de ce qui faisait l'objet de ses travaux et son talent facile et souple, se pliait aux études les plus diverses.

Avocat, il se livre à d'intéressantes recherches sur l'histoire du barreau et il écrit ainsi un *Discours sur l'origine de la profession d'avocat chez les différents peuples.*

Magistrat, il compose un recueil intitulé : *Titres divers, procès-verbaux et discours pouvant servir à l'histoire de la Cour de Lyon, depuis sa création*. Il publie également dans les *Archives historiques et statistiques du département du Rhône* un *Compte-rendu de l'administration de la justice criminelle dans le département du Rhône pendant les années 1827, 1828 et 1829*.

Envoyé en mission dans le département du Simplon, il s'attache non-seulement à organiser le pouvoir judiciaire de ce pays, il publie encore, comme nous l'avons vu déjà, un traité complet sur les actes de l'état-civil, où l'exemple éclaire constamment le commentaire doctrinal de la législation. Il visite avec soin toute la contrée, il en étudie à la fois l'histoire, les sites et les mœurs, et il rapporte à son retour un travail important, ayant pour titre : *Voyage dans le Valais et les contrées environnantes*.

Administrateur de l'Antiquaille, il publie en 1831 : *Compte moral de l'hospice de l'Antiquaille*, puis en 1836, l'*Histoire de l'hospice de l'Antiquaille*, l'un de ses principaux ouvrages.

Membre de l'administration du Mont-de-Piété, il écrit : *Quelques mots sur le Mont-de-Piété à Lyon en 1836 et 1837*, suivis d'un *Coup d'œil sur les mouvements de la Caisse d'épargne pendant l'année 1836*.

Membre de l'Académie de Lyon, il copie de sa main, pour l'offrir à la Compagnie, l'ouvrage manuscrit de Bollioud-Mermet intitulé : *Athénée de Lyon rétabli, contenant l'histoire de l'Académie de Lyon, depuis son origine jusqu'à nos jours*. Il éclaire la question relative à la direction de la Martinière par un *Rapport sur l'école de la Martinière et les perfectionnements que l'on pourrait apporter à son administration*, publié en 1836.

Plusieurs de ces travaux sont encore inédits. Mais ils suffisent pour nous montrer combien, à la différence de tant d'hommes de nos jours, qui recherchent toutes les fonctions sans études préalables, cet esprit consciencieux aimait à se rendre un compte exact de ses droits et de ses devoirs.

La liste complète de ses productions littéraires, que nous donnerons dans la seconde partie de ce travail, nous apprendra aussi, en même temps, combien sa vie fut laborieuse et combien il unissait, à un rare degré, le talent de l'homme de lettres à celui de l'administrateur.

Bien qu'il eût quitté fort jeune Riverie, Achard-James n'avait point oublié le lieu de sa naissance. Il lui porta toujours un vif intérêt. On en eut la preuve, en 1843, quand des passions rivales voulurent éloigner des murs de ce village le chemin de grande communication de Givors à Chazelles. Dans cette circonstance critique, les habitants eurent recours à son crédit pour obtenir ce qu'ils considéraient comme un acte de justice, et, grâce à son appui, leur demande fut accueillie. Aussi le sentiment de la reconnaissance est-il venu faire revivre dans la mémoire de la génération actuelle le souvenir d'un homme dont l'illustration honore à bon droit l'humble village.

Au commencement de 1848, souffrant depuis plusieurs années de la maladie qui devait mettre fin à ses jours, l'angine de poitrine, Achard-James avait été demander à Nice un soulagement à ses souffrances. Mais, quand vinrent les troubles qui suivirent la révolution de février, il voulut, malgré tous les conseils, revenir à son poste. Ce fut ainsi qu'il succomba, le lundi 11 décembre 1848. à une heure de l'après-midi. Les croyances du chrétien n'avaient point été étouffées chez lui par la multiplicité des travaux d'une vie si bien remplie, et c'est à la religion, qu'à ses derniers moments, il demanda les consolations suprêmes. Cette perte fut vivement ressentie au palais, où son aménité lui avait conquis tous les cœurs, et parmi les nombreux amis, que lui avait faits l'affabilité naturelle de son caractère.

Ses obsèques eurent lieu le jeudi 14 décembre suivant. La Cour d'appel, l'ordre des avocats et la corporation des avoués assistèrent à cette cérémonie, où M. Jourdan, professeur à la Faculté des sciences, prononça, au nom de l'Académie, quelques paroles qui impressionnèrent vivement l'assistance.

Achard-James avait épousé, vers 1811, Antoinette Bagnion, d'origine italienne, décédée seulement au mois de décembre 1862, et dont il eut deux enfants : un fils, Clairanne Achard-James, d'abord avocat à la Cour de Lyon, puis conseiller de préfecture à Bourg, et une fille, mariée à M. le baron Réné de Vauxonne, maire de Vaux, près de Villefranche.

Au moment où j'écrivais ces lignes, on apprenait la mort de son petit-fils, Henri de Vauxonne, jeune avocat du barreau de Lyon, engagé volontaire au 23e de ligne, frappé, le 16 août 1870, à Gravelotte, par une balle à la tête, dans une marche en avant.

C'est par ce souvenir glorieux que je terminerai l'histoire de la vie d'Achard-James. Si l'illustration des aïeux honore à bon droit leurs descendants, elle reçoit aussi une consécration nouvelle de la gloire de ces derniers. Quand, en 1813, Achard-James ramenait, à travers mille dangers, la colonie française du Simplon, « il prouva, « disait un jour le comte de Rambuteau, que le cœur du « soldat peut se trouver sous la toge du magistrat. » La mort de son petit-fils au champ d'honneur, nous prouve que son sang n'a pas dégénéré. Au milieu de nos douleurs publiques, de tels exemples sont faits aussi pour ranimer notre foi dans l'avenir, car ils nous montrent que notre génération peut mettre encore au service du pays, de nobles caractères et des cœurs généreux.

II.

L'œuvre littéraire d'Achard-James est assez importante, et je me suis attaché à en donner un tableau complet. Esprit laborieux et plein de souplesse, il se livra à l'étude des sujets les plus divers. Histoire, philosophie, voyages, industrie et œuvres de bienfaisance, rien ne lui était indifférent. Malheureusement, plusieurs de ses travaux n'ont point été publiés, et dans ce nombre se trouvent des œuvres complètes d'un intérêt incontestable. Tel est notamment son *Voyage dans le Valais*. Mais, aussi modeste que laborieux, Achard-James ne rechercha jamais le vain éclat que donne la publicité ; il ne livra à la presse que des œuvres d'une utilité pratique et immédiate. Le plus souvent, s'il prenait la plume, c'était pour se rendre un compte plus exact de ses devoirs, de ses fonctions et de ses travaux de chaque jour. Le style d'Achard-James est simple et naturel, toujours précis et souvent élégant. On chercherait vainement dans ses écrits l'affectation et l'emphase, qui caractérisent fréquemment les productions littéraires de l'époque où il écrivit ses premiers essais. Tout y révèle, au contraire, la modestie de son caractère, l'honnêteté de son âme et la bonté de son cœur.

1° *Ouvrages imprimés.*

1° *Instructions* (en français et en allemand) *aux maires du département du Simplon sur la tenue des registres de l'état-civil.* Sion, 1812. in-4° 75 pp.

Cet ouvrage, qui renferme l'un des premiers commentaires qui aient été publiés sur le titre 2e du livre 1er du Code civil, est précédé d'une introduction où l'auteur rappelle aux maires la stricte observation des règles concernant les actes de l'état-civil, et l'intérêt immense qui s'attache à la régularité de leur rédaction. Ce travail se termine par un formulaire complet de ces divers actes.

2° *Laurent, ou les prisonniers*, ouvrage qui a obtenu la mention honorable dans le concours ouvert aux écrits qui offriraient aux prisonniers la lecture la plus utile. Paris. 1821, in-12.

Cette œuvre renferme une morale douce et sympathique qui contraste étrangement avec les élucubrations violentes et haineuses de nos socialistes modernes. C'est par de tels préceptes que l'on corrige le coupable et qu'on le réhabilite aux yeux de la société. Ecrit en forme de dialogue, mêlé de récits, ce livre se fait lire avec intérêt.

3° *Compte-rendu des travaux de l'Académie de Lyon, pendant le 2e semestre de 1824*. Lyon, Durand, 1824, in-8°, 52 pp.

Voici dans quels termes M. Breghot du Lut apprécie ce travail. « Une chose très-remarquable dans ce compte-
« rendu, et qui le distingue de tous ceux qui l'ont pré-
« cédé, c'est le ton qui y règne, c'est la méthode qui y a
« été adoptée. L'auteur ne jette pas l'encensoir à la tête
« de ses collègues, il bannit de ses extraits ce protocole
« d'éloges et de compliments exagérés que quelques per-
« sonnes regardent comme faisant partie nécessaire
« du langage académique, et qui est un véritable abus;
« on n'y trouve point à chaque ligne ces mots, devenus
« insignifiants à force d'être prodigués : *Notre savant*

« *confrère. notre illustre associé...* Mais M. Achard-
« James, se contente de bien faire connaître les tributs
« littéraires qui ónt été lus et adressés à l'Académie, et
« d'en donner une idée juste et précise, de manière que
« les lecteurs puissent appliquer eux-mêmes l'éloge ou
« le blâme, selon le mérite de chacun. » — (*Archives
historiques du Rhône,* I. 130).

4° *Compte général de l'administration de la justice
criminelle dans le département du Rhône, pendant
l'année 1827* (*Archives histor. du Rhône. t.* IX). Ce travail est un extrait du compte-rendu général présenté au
roi par M. Portalis, garde des sceaux, comparé dans
quelques-unes de ses parties, avec le compte général de
1826.

5° *Compte général de l'administration de la justice
criminelle dans le département du Rhône , pendant
l'année 1828.*

Ce travail publié dans le tome XI des *Archives historiques et statistiques du département du Rhône,* est un
extrait fait par l'auteur du compte général présenté au
roi par M. Courvoisier, garde des sceaux, ministre secrétaire d'Etat au département de la justice, comparé, dans
quelques-unes de ses parties, avec le compte général de
1827 et même de 1826.

6° *Compte général de l'administration de la justice
criminelle dans le département du Rhône , pendant
l'année 1829.* Ce travail, après avoir été lu à l'Académie
de Lyon, dans une des séances du mois d'avril 1831, a
été publié dans le tome XIII des *Archives historiques et
statistiques du département du Rhône.* C'est un extrait
du compte général présenté au roi par le garde des sceaux,
ministre secrétaire d'Etat au département de la justice,
Dupont (de l'Eure), comparé, dans quelques-unes de ses

parties, avec le compte général de 1828 et des années antérieures, et précédé d'un aperçu de l'administration de la justice criminelle dans tout le royaume.

7° *Compte moral de l'hospice de l'Antiquaille pour l'année 1831, présenté au conseil d'administration, le 4 septembre 1833.* Lyon, Perrin, in-4°, 25 pp. Des comptes-rendus semblables furent publiés par Achard-James pour les années 1832, 1839, 1841, 1843 et 1844. (V. *Catalogue de la biblioth. Coste,* n° 8545).

8° *Histoire de l'hospice de l'Antiquaille de Lyon.* Louis Perrin, 1834, in-8°, avec planches.

Ce livre est l'une des œuvres les plus importantes d'Achard-James. Bien qu'il ait recueilli avec soin les souvenirs se rattachant à l'Antiquaille , qui fut successivement le palais des empereurs, la prison des martyrs et un couvent de Visitandines, l'auteur s'est attaché surtout à retracer l'histoire de l'hospice et à nous faire un tableau complet de son organisation et des maux qu'il est appelé à soulager.

9° *Rapport sur l'école de la Martinière.* Lyon, Rossary, in-8°. Ce travail renferme un tableau de l'organisation de l'établissement de la Martinière, en 1836, l'indication de ce qu'il devait être, avec l'histoire du conseil de perfectionnement dans ses relations avec le directeur, les professeurs et la commission exécutive. L'auteur réclame surtout vivement l'exécution rigoureuse du testament du major Martin, qui attribue à l'Académie le droit d'ordonner toutes les dispositions relatives à cette école.

10° *Opposition de la Compagnie des ponts sur le Rhône, à Lyon, contre le projet de l'établissement d'un pont en face de la voûte du Collége.* Lyon, 8 janvier 1840. — Louis Perrin, in-4°, 8 pp.

11° *Compte-rendu des travaux de l'Académie de*

Lyon, pendant l'année 1841, lu dans la séance publique du 1er février 1843. Lyon, Marie Merle, 1843, in-8°, 62 pp.

12° *Guide historique et pittoresque de Lyon à Châlon-sur-la-Saône* (sans nom d'auteur), avec figures et cartes du cours de la Saône depuis Gray jusqu'à Lyon. Lyon, Chambet aîné, 1844, in-18°, 188 pp.

A une époque où les Guides du voyageur étaient trop souvent insignifiants ou remplis de notions erronées, Achard-James sut donner à son livre un intérêt soutenu, en mêlant habilement les souvenirs de l'histoire aux descriptions des rives de la Saône.

2° *Ouvrages manuscrits.*

1° *Discours sur l'origine et l'état de la profession d'avocat chez les différents peuples.* — Lu à la séance du Cercle littéraire du 27 novembre 1808.

2° *Voyage dans le Valais et les contrées environnantes.* — Ce travail important, qui peut former deux volumes in-8°, valut à Achard-James son admission à l'Académie de Lyon. Il en communiqua plusieurs chapitres à cette Compagnie, ainsi qu'à la Société littéraire. « L'auteur de cet ouvrage, disait M. Guerre dans son rap-« port sur la candidature d'Achard-James à l'Académie, « a fait ses excursions en observateur instruit et en « homme de goût, habile à marier les souvenirs histori-« ques avec la description des mœurs actuelles, à saisir « les frappants contrastes entre la simplicité du peuple « qu'il a visité et la magnificence des scènes de la nature « au milieu desquelles il l'a peint.... M. Achard-James « a su unir l'ordre à la variété, la fidélité des tableaux » aux efforts de l'imagination. » (*Manuscrits littéraires de l'Académie de Lyon. t. II. —* Biblioth. du Palais des Arts.)

3° *Discours sur l'utilité des voyages. —* Discours de réception à l'Académie de Lyon.

4° *De l'influence de la religion sur les institutions sociales. —* Lecture faite dans une séance de l'Académie de Lyon.

Les quatre ouvrages qui précèdent, a dit M. Breghot du Lut, dans la *France littéraire,* (tome I, p. 7) concernent des sujets trop intéressants pour que la publication n'en soit pas désirée.

5° *Sur les préparations que subit la soie depuis son état de cocon jusqu'au moment où elle est livrée en étoffes à la consommation.*

6° *Mes souvenirs.*

7° *Titres divers, Procès-Verbaux, Discours, etc., pour servir à l'histoire de la Cour royale de Lyon, depuis la création de la Cour d'appel.*

8° *Documents statistiques sur l'administration de la justice civile en France, pour l'année 1830. —* Lecture faite dans la réunion de la Société littéraire du 19 janvier 1832.

9° *Résultats de recherches sur les opérations du Mont-de-Piété de Lyon durant l'année 1831. —* Lu à la séance de la Société littéraire du 2 février 1832.

10° *Quelques mots sur les Monts-de-Piété en 1836 et 1837, suivis d'un coup d'œil sur les mouvements de la Caisse d'Épargne pendant l'année 1836.*

BIBLIOGRAPHIE. — Dumas, *Histoire de l'Académie de Lyon. — Mémoires de la Société littéraire de Lyon,*

1er volume. — *Archives historiques et statistiques du département du Rhône*, I, 129; II, 269; V, 241; IX, 275 et 446; XI, 119; XIII, 64 et 385.—Quérard, *La France littéraire*, I, 7. — Manuscrits littéraires de l'Académie de Lyon, t. II. — Monfalcon. *Histoire monumentale de Lyon*, IV, 135. — Moniteur judiciaire de Lyon des 14 et 16 décembre 1848. — Durieu. *Notice sur le baron Rambaud*. — Péricaud. *Tablettes chronologiques*, ann. 1802 et 1824. — A. Vingtrinier. *Catalogue de la Bibliothèque lyonnaise de M. Coste*. — Annuaire historique de la ville de Lyon, ann. 1865.